책을 마시고픈

유은자 시집

시인의 말

  막바지 추위인가, 매섭게 몰아치는 바람이 온 몸을 떨게 하고 강물도 꽁꽁 얼어 있다.
  추위는 수그러들지 않고 눈 꽃 송이가 매달려 있다.
  푸르던 날들이 가고 어여쁜 노을이 펼쳐지기 시작했다.
  아롱아롱 머릿속 맴돌았던 글을 한 편 한 편 가다듬어 쓰기 시작 하였고, 이제 그 빛이 조금씩 보이기 시작했다.
  늘 새 장속에 갇혀있던 언어들이 창밖을 내다보며 예쁜 꽃들로 피어나려 꽃대를 곧추 세웠다.
  계절이 바뀌고 뜨거운 태양이 막 익어 갈 때, 등단의 소식을 듣게 되었다. 만감에 부풀었던 꿈이 가슴까지 벅차오르고, 그 후 삶은 글속에 파묻혀 활짝 핀 목련화를 꿈꾼다. 작품을 창작하기 위해 환상도 해보고 상상을 그려 써 넣기도 하고, 그렇게 빚어가는 문자들...
  책상 앞에 앉아 얼른 자판을 두들기면 조금씩 자리를 잡기 시작했다. 그런 모습을 보고 늘 옆에서 응원해주고 지지 해주는 가족들에게 감사하고, 또 조카들도 응원에 박수 쳐주며 지켜 봐 주는 것 대해 고맙다. 그 격려로 비록 미흡하지만 한 권의 내 분신을 독자 앞에 선 보인다.

그리고 늘 부족한 시어들을 따뜻하게 지도 해준 교수님께도 감사를 드린다.

이 시집이 조금은 우울에 빠진 사람들에게 희망의 빛이 되었으면 한다. 앞으로도 좋은 날만 기억하고 작품 속 삶이 되도록 시 쓰기에 매진하련다.

2025년 3월 겨울의 끝자락에서

차례

1부

가난	10
가을의 중턱	11
가파른 길	12
갈등	13
갯벌의 등불	14
계집애	15
공허	16
구름에 갇힌 목소리	17
그려지는 사람	18
글쟁이 되면	19
금싸라기 참외	20
금쪽같은 새끼	21
기다리는 추위	22

차례

2부

기슭을 걸으며	24
길속의 길	25
깊어 가는 밤	26
꽃 피었던 시절	27
눈 멍	28
달래에게	29
더부살이	30
독백	31
땀을 달구다	32
떠오르는 얼굴	33
마른 비	34
맺힌 마음	35
문단의 길	36

차례

3부

문자 보낸 날	38
문장 속의 여인	39
물거품	40
미운 눈	42
바람	43
밤바다	44
밴댕이	45
벌	46
별 바라기	47
보이지 않는 그	48
봄바람	49
봉사	50
비탈길	51

차례

4부

산골 집	54
산등성에 올라	56
세상이 너무 밝다	57
습작	58
시골 장터	59
시골길 풍경	60
시비를 건다	61
아들을 기다리며	62
아픈 사랑	63
애모	64
야생화	65
어둔 날	66
여행	67
연민	68

차례

5부

울부짖는 마음	70
인생무상	71
일손	72
정	73
제사	74
지난 세월	76
책을 마시고픈	77
첫 경험	78
청춘의 꽃	79
친 구	80
풀밭	81
헛 꿈	82
헛바람	83
흰나비	84

-시집 해설-
감성의 그늘에 안긴 심미안의 샘	86

김현탁(문학박사)

1부

가난

바람 불면 금방이라도 날아 갈 것 같은 집

떨어진 벽에 황토를 자꾸 발라도
손 본 것 같지 않은 집

너무 오래된 흙집이라
기둥 뼈대도 구멍이 솔솔

지붕 위는 통나무로 날아가지 않게
끈으로 꽁꽁 졸라 매도
바람에 못 이겨
너펄너펄 거리다가
툭 떨어진다

해진 문짝
창호지로 발라도
문 틈으로 실바람이 살근살근 들어 온다
어떻게 살아야 하나

가을의 중턱

바람에 일렁이는 감나무를 보며
천천히 걸어가는 길목
단풍들의 노래 소리 들린다

황금빛으로
출렁이는 벼들 속살거리고
과일들은 저마다 빨갛고 노란
맛깔스럽게 단장 한다

구름도 쉬어가는 서녘 하늘
농부들의 사물놀이 들녘을 울린다

담 벽락 넝쿨 사이에 덩그러니
앉아있는 달덩이 호박

사립문에는 해바라기 꽃 무엇이 신날까
햇볕 속에 방글거리며 웃는다

가파른 길

뛸까 말까
아서라
다칠라

천천히 올라가라
넘어질라

쉬어가는 지팡이도 후들후들

거친 숨 허덕거리며 올라 간다

뱀 허리 길 따라 오르니
졸졸 흐르는 물소리
맑은 산소가 뿜어져 나오면
눈앞에 펼쳐지는 바다
비껴온 날의 바퀴들이
산 아래로 굴러간다

갈등

어 어
전화기가 먹통이네

어찌 깜빡깜빡 신호만 한다
고장 났나

전화를 해야 하는데
어찌해야 하나

말없이 전화기만 들여다보고
살릴까 죽일까
끝내 부처님 되어 볼까

갯벌의 등불

컴컴한 꼭두새벽

어두운 길 더듬어 가며 등불 밝힌다.

허리숙여
유모차 짚고 발을 내 딛는다

강아지는 쫄랑쫄랑
할머니 앞에 서
길을 안내 한다.

이른 새벽부터
뿌연 안개를 헤치며
더듬더듬 손을 걷고
미역 줄기 낚는다

입가의 미소
스멀스멀 피어오르고
여윈 몸 시들어 가며
바다에 몸을 맡긴
풍랑의 파수꾼

계집애

맨날 일 핑계대고

전화도 비싸
손가락도 비싸
목소리도 비싸

야 계집애야
아무리 그런다고
몸값이 올라 가나

그래도
몸값은 똥값이지
금값으로 올라 가나

이제는
몸이 너무 똥값이라서
너는 더 이상
금을 따지 못해

공허

머리 뚜껑이 또 닫혔다

글이 침묵에 빠졌다

자꾸만 흐렸다 맑았다 반복 된다

눈꺼풀은 자꾸 흔들리고
입은 나팔모양처럼 삐쭉하고
글 모양은 허공에 뒹굴고

원고는 보내야 하는데
뭘 보낼까

무지개는 하늘 끝에 매달려

아슴아슴 녹아내리는데

구름에 갇힌 목소리

햇빛도 청아하고 깨끗한데

운동하며 햇살이나 째러가지
그 말이 무섭게
천둥 같은 목소리 터져 나온다

미소 짓던 천사였는데
달이 가슴을 치며
숨어 버린다

하늘이 무서웠나
달은 구름을 향해 소리치고

숨소리 멈추면
쉰 소리만
작게 들린다

다 큰 자식 잘되라고
소리 높여 울려도
구름 속에 갇혀
웅웅거리기만 한다

그려지는 사람

시간이 지날수록 가슴이 쓰리다

점점 눈은 흐려지고
귀도 멀어

오늘은 뭘로 흔들리게 할까

심장 뛰는 소리 들리는데
바람결에 발자국 소리

문 밖에서 서성이고 있나
화들짝 놀라 열어보니
가랑잎만 흩날리고 있다

글쟁이 되면

새벽 네 시 넘어
눈이 꿈틀꿈틀 떠졌다

깜박깜박 덜 깬 눈

설 잠에
글 쓰는 일로
울렁증이 생기고
머리에는 문자들이 우르르 몰려와
뭣하고 있냐고 칭얼거린다
달랠 수 없어 끄적거려 보지만

붕 떠 있는 머릿속

댕글댕글 돌다가
문자들이 쏟아져 나온다

금싸라기 참외

사랑 꽃 찾아 헤매다
오디 열매 따고 난 후

노란 참외 밭 가까이 가니

금밭 아주머니
여기 하우스 안에
달달하고 아삭한
금이 쫘 악 깔려 있어요.
안 따가도 좋으니
들어가 구경이라도 해 보세요

아주머니 '금 따는 콩밭'이 여기에 있군요

*금따는 콩밭 : 김유정의 소설 제목 인용함

금쪽같은 새끼

아장아장
깔깔 웃으며
콕콕 엉덩방아 찧으며 달싹 달싹 걷는다
연필로 배에 도배를 하고
사랑방은 혼비백산 어지럽혀도
마냥 아지랑이 같다

머리가 지근지근 아프다고 하니
흰머리로 착각했나
싱긋싱긋 웃으며
확 잡아 당긴다

아 ~ 아파 할미 아파

손녀는 입가에 침 줄줄 흘리며
고사리 손으로 쌕쌕하며
입김도 불어 넣는다

까르륵 웃음소리에 아픈 머리가
물처럼 깨끗해지고 나니

빙빙 돌며 아리랑 춤이
엉덩이까지 돌리며 방실방실 웃다 넘어진다
하늘에서 내려온 천사 춤을 춘 것 같다

기다리는 추위

발 가락이 꽁꽁 얼어 붙는다
매서운 바람이 온 몸을 떨게 한다

두 손으로 얼굴을 감싸도
발은 동동 굴려도
주위를 둘러 보아도
어디로 숨었나
앙상한 나뭇가지만 윙윙 소리를 낼 뿐인데

어슬렁어슬렁 걸어오는 사람
혹시나 하고 뚫어져라 훔쳐봐도
역시나

가슴을 움켜잡고
콜록콜록 기침만 하는
살얼음 추위는 누구 기다릴까

2부

기슭을 걸으며

가을이 너울너울 춤을 춘다

단풍들 소리 물결을 타고
꼬불꼬불한 길섶에 곱게 내려 앉는다

마음은 뭉게구름 되어 피어나고
산새들은 울어 대는데

이 길 따라 걷다보면
아련한 옛날 돌아올까
숨죽이며 발길 내 딛는다

길속의 길

걷다보면
철새들 지저귀고
도토리 까먹는 다람쥐
놀라 도망가고

그 길 속에 우두커니 선다

나는 누굴 일까
뒤돌아 봐도
나는 없다

어디로 가야 찾을까
숲속을 헤메이다
내 모습은 어디에도 없다

아파트를 버리고
자동차를 버리고
전자기기를 버려도
도대체 나를 찾을 길 없다

깊어 가는 밤

홀로 쓸쓸한 저녁을 맞이한다

검은 물안개도 피어오르고
싱거운 눈꺼풀만 내려앉는다

초저녁인데
산짐승들 울음소리
잠꼬대에 담아 간다

나이 탓인가
가는 말도
오는 말도
못 알아듣는 귓속말
흘러가는 세월에 원망도 해 보고
몸 아픈 곡소리만 커진다

꽃 피었던 시절

푸르고 푸르던 시절이 시들어 갔다

어린 학창 시절은
흘러가고

어리광 피우던 시절
눈썰매 타고
연도 날려보고
팽이도 쳐보고
그 시절은
옛 이야기 되어 버렸다

흙 묻히며 뒹굴던 날
추억의 그림자 되고

하얀 머리결 넘기며
무얼하며 살았던가

눈 멍

눈발이 펑펑 날린다

통나무 잘라
도끼로 나무를 패
불을 핀다

불을 피우니
차 한 잔 하고프다

뜨거운 열기에
불 멍 때우며
먼 산을 바라 본다

눈꽃은 온 산을 하얗게 뒤덮고 있는데
그 속 숨어 있는
꽃 나래 펼쳐질 날 기다려 본다

달래에게

슬그머니 집에
들어 올 때
종하나 달고 오너라
깜짝 놀라잖아

그리고
첫 발 딛을 때
엄마에게 쪼금만
사랑 던져 줘

비뚤어진 가르마 예쁘게
고쳐 줄게

*달래 : 아들의 애칭

더부살이

홑 겹에 몸 담고 서성이다가
햇빛을 쬐고
강물에 또 들어간다

세월 속 강물에 종이배 흘러가듯
늘 바늘이 가면
실도 따라온다

힘들 때 마다
한 솥밥 식구가 되기도 하고
보리 고갯길도
등불로 밝혀준다

젊은 날에는 사뿐사뿐 잘 걸었지만
단풍이 져 가면
관절도 허리도 못내 아우성 친다

보랏빛 꿈들은
저 먼 하늘에서 바람개비처럼 돌고 있는데

독백

소주잔을 기울이며
별똥별 바라보다
술 속에 푹 빠졌다

몇 잔을 들이키다
엉뚱한 소리 해대며
고래고래 소리친다

낮 달은 중천에서 피식 웃고
입모양 점점 꼬여가고
트림도 꺼억 꺼억
무슨 말인지
알 수 없는 그녀
늘그막에 이게 무슨 소리람

땀을 달구다

후끈후끈 달아 오는
비닐하우스 안

줄줄 흐르는
땀방울에 눈이 시큼시큼하다
홑 껍데기로
걸쳐 입은 옷도 벗어 던지고
참외에 거름을 준다

햇살이 따가워지면 배속에서 요란한 폭풍이 일어
꿀꿀이죽 한 그릇으로
속을 채운다

허리 굽혀 일궈낸 남새밭에
땀이 익는다

발바닥에 굳은 살 박히고

손등이 터져도
비는 오지 않고
구슬땀만 달군다

떠오르는 얼굴

어두운 곳에서도
꽃이 핀 엄마 얼굴

희미한 옛 기억

계절이 두 번 바뀌어도
꿈을 꾸어도
모습은 아롱아롱하다

노인정 안방을 가보면
나이든 또래 할머니
행여 엄마일까
두 눈 비벼보아도
헛것이 보였나
불러 보아도
대답이 없다

꽃이 피고
보슬비 내려도
꽃길만 걷던 엄마

지금은 꽃이 피어나도
꽃향기조차 맡을 수 없고
그림자조차 사라져 버렸다

마른 비

하늘은 검은 그림자로 가득 차
아무리 두드려도 비 소리는 들리지 않는다

땅바닥은 거북등으로 갈라지고
호미자루로 연신 찍어대지만

손 흔들던 곡식들은 고개만 떨구고
태양은 거침없이 쏘아댄다

행여 이슬비라도 슬쩍 내릴까
입을 벌려 보지만

하늘은 말이 없다

내 속살 같은 아기들 목 녹아 우는데

맺힌 마음

손등에 이슬방울 맺히면
마음을 활짝 열어
검은 물방울까지
씻어내 거울을 본다

전화기에 매달려
책 겉장만 본다

머리 끝에
치렁치렁 매달린 그 열매
언제 따 볼까

문단의 길

문자를 안고
책 향기를 풍기며
한 두 명씩 학풍을 안고 들어온다

고소한 참기름 냄새
쫄깃한 송편
향긋한 샌드위치 맛
문학의 늪에 빠져든다

작품을
한 자 한 자 백지에 옮기고

수 많은 문자들의 행진

물음표였던 것들
머릿속에 쏙 들어오는 시간이다

배움의 갈증 사라지고 문자는
나비처럼 하늘로 날아 오른다

3부

문자 보낸 날

문자를 보내도 전화를 걸어도
대답이 없다

조금만 더 열매를 맺을 때 까지 기다려 보자
때가 되면 혹여 편지라도 올까

빠알간 눈동자로
나뭇잎 되어 우름지에 매달렸던
그 사람이 보고 싶어
목소리 듣고 싶어
긴긴날 흠뻑 비를 맞으며

그를 그려놓고
만져보아도
다가오지 않는 얼굴

비바람 몰아쳐
손을 빌며 기도 올리지만
대답은 그물에 걸린
그의 그림자 뿐

문장 속의 여인

글속에 사는 여자가
무슨 말이 필요 하겠나

허우적거려도 모자랄 판에
이사람 저사람 핑계대고
전화 돌리고
말만 늘어놓고 농담 삼아 기웃거린다

그 모습 불안해
가슴도 못 열어 보고

혹시나
글을 파낼까 싶어
문장을 뜯어 고치려고
도깨비 눈에 불이 난다

창밖 차 소리에 윙윙
귀가 따갑고

불빛 사이에
외로운 밤은
혼자 춤을 추는데
익숙한 가야 거겨 흉내만 낸다

물거품

햇빛이 쨍쨍해서 꽃놀이 재미에 푹 빠져
있었는데

날씨는 어두컴컴해진다
검은 물감을 칠해 놓은 듯
먹구름은 천둥 번개를 몰고
금방이라도 비를 퍼붓듯

금쪽같은 약속인데
마음은 조마조마하다

원망스러운 날씨 탓에
발은 어디에 돌릴지
저리로 돌릴지
감이 안 온다

속은 미어지는데
전화 벨이 가슴을 타고 울린다

비가 바가지로 때려 붓는 것처럼 오는데
어찌하면 좋아
가는 날이 장날 오늘인가 보다

그토록 손꼽아 기다렸던 날인데

비가 야속하기 그지없다

다음 기약하고

물거품이 되는 것도 따로 있지
가슴까지 뛰어놀아서 좋았는데

미운 눈

아침부터 눈발이 계속 날리고 있다

언제 쉬어 갈까

발목도 꽁꽁 묶어 놓고

좀, 쉬어 가며
내리면 좋으련만

그 사람 만나러 가야 하는데
에라
차라리 눈사람 만들어 뽀뽀나 해야겠다

바람

바람이 휘어가는 것처럼 불어댄다

산새들도 놀라 휘 젖고 날아가고
떨어지는 나뭇잎은 나 뒹굴며 흩어진다

서풍으로 부는 검은 바람
매섭게 마음까지 뒤흔들다

그칠 줄 모를 줄 알고 있었는데
잔잔하게 구름 꽃도 피었다

곱게 단장하는 저녁노을 뭉게뭉게 피어오르고
맑게 물든 밤은 조용히 쉬어 간다

밤바다

밤하늘 별똥별
소리없이 운다

파도 소리 빈 수레처럼 돌고

출렁대는 물살

큰 산을 만들면
그 산 아래 숨어
눈물만 주르륵 흘러
밤꽃이 된다

밴댕이

갑자가 툭 뛰어 나온다

뭐 도와 줄 것 없어 물어 보더니
은근 슬쩍 도와 주다가
눈치 살살 살피더니
슬그머니 스윽 들어가 버린다

입주댕이만 살아가지고
아는 척
잘난 척
모른 척

겉은 순한 양처럼
속은 뺀질뺀질

속갈머리가
이 핑계
저 핑계

벌

유채꽃 밭을 날으며
이리 쿵 저리 쿵
신나, 정신없다

윙윙거리면
날개를 활짝 펴고 겁을 주고 있다

놀란 가슴에
앞뒤도 안보고
막 뛰쳐나왔다

꽃을 보려다
벌이 무서워 도망간 사내

별 바라기

아직도 별나라에서 꿈꾸고 있나

아니
별에서 나와서 벌써
달을 먹고 있어

오늘은 별이 빨리 졌나보네

응, 오늘은 잠꼬대 덜하고 나왔어

잠꾸러기 내일도 별 많이 따 오거라

보이지 않는 그

가랑잎이 나풀거려도
보슬비가 내려도
헛바람만 분다

구름이 두둥실 떠가고
해가 뜨기만을
목마르게 기다린다

보고 싶다고
소식 없다고
손꼽아 마냥 기다려 봐도
마른 엽서만 뒹군다

푸르른 잎새들 무성하게 자라고
단풍잎 갈아입어도
눈발 속에 종이 연을 날려 보아도
무소식이다

보고픈 마음 담아
풍선이 되어 날아가면
만날 수 있을까

봄바람

봄바람을 타고 꽃밭에 사람이 몰려온다

나비도 춤을 추며 날아든
넓은 꽃밭에

노란 꽃이 한들한들 거리며
벌들도 유혹한다

못 이긴 벌은 은근슬쩍 앉는다

벌이 사람들 사이에 끼어들까
노심초사
긴 머리카락만 찰랑이며 바람에 신이난다

바람에 흔들거려 마음까지 넘실넘실
카메라는 온종일 돌아가도 모자라듯 하다

봉사

설거지 청소는 뒷전이고
부르는 곳마다
뛰어 다닌다

내 집안은 빨랫감 산더미로 쌓이고

얼굴엔 미소가 넘쳐 흐르지만
몸은 무겁다

그래도
나보다 이웃이 먼저

미카엘 천사는 아니지만
통장이 풍성해
나누어 주면
데레사 수녀님 따라 잡을까

비탈길

꼬불꼬불한 길을 따라
숨소리 죽여 가며 산길에 오른다

사람 눈길도 발길도 닿지 않는 길

산새들만 지저귀는 소리에
명상에 잠기며
산기슭에
몸을 싣는다

아등바등 걸어가는 길
올라 갈수록 숨 쉬는 것도 거칠다

간질간질한 목 시원한 얼음물로
목을 축인다
줄줄 흐르던 땀방울도
바람에 날려 보낸다

바람에 일렁대는 꽃잎이
비탈길에 날고 있지만
멀기만 하다

4부

산골 집

깊은 오르막길
올라도 오른 것 같지 않은 긴 터널

굽이굽이 마음까지 비뚤어가며
올라 숨 쉬어가도
끝은 보이지 않는다

이 험한 산골
집이 어떻게 지어졌을까
궁금증만 자아낸다

무성한 풀길에
붉은 산딸기 눈이 번쩍 떠진다
달콤 시큼한 입가심에
갈증이 내려앉고

산양삼 더덕 도라지까지 덤이 되어
깊은 산골 집에 다다른다

곧 내려앉을 지붕
고스란히 세워진 기둥만 멀쩡하다

장작불에 갖은 약초를 넣고 바글바글 끓어 오른

삼계탕 한 그릇에
피로를 풀고
고소한 입맛이 당긴다

산등성에 올라

산등성 꼬불꼬불한 길목
몽글몽글 피어 오른 땀방울

나무 한 그루 없는 산기슭
그늘에 쉬어 보려 애를 쓰지만
따가운 햇살만 내리쬔다

얼음물 한 사발로 목을 축이니
가물거리던 눈빛 반짝인다

계곡의 폭포수
내리 쏟아 흩이지지만
발걸음은 허적허적

언제 이 산을 다 내려갈까

세상이 너무 밝다

쏟아대는 햇빛이
눈을 부시게 한다

어디로 가야 빛을
피할 수 있을까

눈을 어디로
향해야 빛을 피할 수 있을까

눈빛은 자꾸만 반짝이는데

습작

별이 초롱초롱한 새벽 두시

눈은 스트레스에 말똥말똥 거린다

몇 개의 문자들이 눈앞에
아른거려 자다가도 벌떡 일어난다

허둥지둥 자판을 두들겨 보지만
횡설수설이다

몇 번을 지우다 다시 쓰다 보면
희뿌연 여명의 빛이 창가에 스며 든다

시골 장터

시끌 번쩍 거리는 장터
가는 곳마다
발 디딜 틈 없다

호객 소리 시끄럽고

닭 시장
꼬꼬댁 날개 퍼득이고
보따리상인들 쪼그려 앉아
침만 삼킨다.

오늘도 자투리 남길까
노심초사이다

길 건너 상인은
밭에서 채소를 가득 싣고 와
길 모서리에 풀어 놓는다

어쩔까 어찌 할꼬
다 팔 수 있을까

땡볕이 불처럼 타오르고
팔리지 않는 채소는 풀이 죽고
장사치의 신음 깊어만 간다.

시골길 풍경

흐린 수채화
담벼락에 그려져 있다

돌담을 덮어 길게 늘어진
넝쿨 호박 큰 덩어리
매달려 있다

좁은 골목
사립문 틈
아기 손 흔드는 꽃
싱긋 방긋 웃으며
옷자락을 잡는다

햇살이 내리쬐어도
얼씬도 하지 않는 그림자
토방에 앉아
강아지 짖어대는 소리 들으며
멍 때린다

들녘은 황금물결
사람 냄새 맡고 출렁이지만
먼발치에서 보이는 굴뚝 연기만
하늘 위로 날아 오른다

시비를 건다

아침부터 부서진 울타리 뜯어 고치겠다고
생 쇼를 다 한다

멀쩡하기만 한데

거기다 무너진 가슴까지
고치겠다고 생 쇼를 한다

해는 멀쩡하게 비추고 있는데

아들을 기다리며

네가 오면 달덩어리지만
안 오면
숯 덩어리
그래, 우리 맞바꿔 볼까

아픈 사랑

가슴에 스며드는 사랑이 쓰라리다

사랑까지 슬픈 눈물로 젖고 있다

마음 아파
가슴까지 아프니
속절없는 눈물만 쏟아낸다

손끝이라도 잡아 볼까
몸부림쳐도
손끝은 멀어져 있다

마음으로 절절 울어대도
아랑곳 않는
구슬픈 사랑

마른 나뭇잎처럼
슬슬 말라 간다

애모

훌쩍 기다리다 말고
달려가 본다

오는 날짜 손꼽아 새어보면
손끝이 떨린다

길가에 발자국 소리
살짝 귀를 대며
그의 목소리인가

봄은 활짝 웃고 있는데
동백꽃은 피지 않고
무심한 바람만 가슴을 스친다

야생화

길가에 숨었던
잡초 꽃이 활짝 피었다

이름도 모를 꽃
가여워 쓰다듬어 본다

무슨 꽃일까
사람 눈도장 찍게

눈길도 사로 잡네

냄새를 맡아 보려
콧 끝을 들이대 봐도
흙냄새만 난다

봄의 향기는 풍겨도
아무도 찾지 않지만
외롭지 않다고 살랑살랑 웃음 피운다

어둔 날

아침부터 발길을 재촉하니
숨도 가빠진다

한 눈 팔다 넘어지고
돌에 발등 찧고

풍경을 한 눈에
집어넣으려 하니
요란한 장대비 방해를 하고
비에 젖은 생쥐 꼴

몸속 파고드는 빗물
돌덩이 단 것처럼 무겁다

여행

떠나 보자
맛있는 음식 먹으며
너와 도란도란 하루를 보내게

봄바람 쐬며
그림도 그리고
키타도 치며

먼 풍경 감상하며
옛 이야기도 나눠보자

그 속 채색된
마음에도 물감을 풀어 놓고
풍경화로 색칠해 보자

연민

흰머리 그가
오늘 집에 올까

전화 해 볼까
스스로 오게 만들어야지
아쉬운 일도 없는데

아마 전화해도 이불 속에서 뒹굴고 있을 걸

해는 한 바퀴 돌아가고 있는데

그의 마음 바늘구멍만큼 보이지 않는다

어쩐가 봐야지

모른 척 하고 있으면
이것저것 싸들고 와서
재롱떨어 가면서
온 집안을 뒤적뒤적 하며 돌아다니겠지

5부

울부짖는 마음

쿵쿵 뛰어라
가슴이 풀릴 때 까지

가슴을 펴라
평화에 꽃 물결이 이룰 때까지

웃음을 터트려라
울리는 소리가 하늘을 닿을 때까지

불꽃처럼 활활 타 올려라
빛이 녹아 내릴 때까지

눈을 밝혀라
온 세상을 밝아 오게

하늘에도 닻을 올려라
땅에도 닻을 올려라
바다에도 닻을 올려라

온 세상이 밝은 광장 될 때까지

밝은 세상이 활짝 노를 저을 때까지

인생무상

푸르고 푸르던 시절 시들어 갔다

단발머리 날들
흘러가고

어리광 피우며
눈썰매 타고
연도 날려보고
팽이도 쳐보던
그 시절
동화책 되어 버렸다

주름진 눈꺼풀
검버섯 피어나는 볼
씻어내면 혜안의 등불
다시 피어날까

일손

동이 트면서부터
해가 질 때까지
온 몸이 부서져라
해가 지는 줄 모르고
호미질만 한다

누굴 위에서
나를 위해서
아니
땅을 위해서
아니
내 가슴이 따뜻이 데워질 수 있다면

정

정 때문에 사랑이 무너진다

뿌리칠 수 없는 사랑 때문에
머리가 아파 온다

사랑은 물듯이 들어
가슴만 매말라 있다

정이 있다고
마구 퍼 내려간 마음

바람처럼 자꾸 흔들거린다

꽃이 지고 피는 것처럼
사랑도 피어나고

그래도 설레는 마음은 그릇에 채워질 듯
살살 피어오를까 봐
잠들어 간다

제사

엄마 나 왔어

오늘 기일이라
성당에서 미사 드리고 오느라 늦었어

벌써 제사 다 지내고
상만 동그러니 놓여 있네

왔으니 기도나 하고 갈게

기도 중에
엄마와 이야기 나눈다

와서 고맙다
밥 먹고 가
아니야, 눈치 보이니까
주전부리만 집어 먹고 갈게

그러지 말고
밥 많이 먹고 가 응

밥상 걸게 차려 줬으니
잘 먹고 갈게

수저 들고 바라보니
검은 머릿속 지나가는
엄마의 치맛자락

지난 세월

떠난 날들에 매달리지 말자

안 좋은 기억 싹 잊어버리고

좋은 기억들만 매달고
바라보자

묻어 있는 사연들 강에 내던지고
바다로 떠나보자

책을 마시고픈

푸른 날부터
그리던 글자들이 그림자처럼 달라붙더니

지금은 머리만 짓눌려
꿈도 바싹 말라 버렸다

푸른 시절엔
책갈피도 많이 뒤적였지만
지금은 모두 흩어져 버렸다

자부심도 긍정심도 어디로 숨어버리고

허망한 마음
땅 바닥에 굵은 비 되어 쏟아진다

그 바닥에 꿈틀거리는 문자들

첫 경험

가슴이 쿵쿵 뛴다

사람들은 자리를 메워가고

가슴은 점점 벅차오르고

드디어 시상식 개막이 열린다

생각지도 못한 신인상

이름이 무대 전체를 울려 퍼지고
다리를 떨며 단상에 오른다

카메라는 번쩍거리고
꽁꽁 언 얼굴은
퍼지지 않고

상패 상금 꽃다발 안고
휘청거린다

작가의 삶 달처럼 벅차오르는구나

청춘의 꽃

청춘이 녹슬며 다니던 골목
활활 피던 꽃들
나비 되어 날아간다

꽃잎엔 나비가 앉고
꽃씨는 홑잎 되어
훨훨 날아간다

바람에
날려간 꽃 잎사귀

저 푸른 세상에서
무릉도원 만들려나

친 구

너는 영원한 내 벗이야

왜냐하면

얼굴 예쁘지

마음씨 곱지

배려심도 많아 좋지

그런데
그보디 디 좋은 긴
나와 닮은 내 심장이야

풀밭

세상에 며칠 사이에
쑤욱 쑥

입이 쩌억 벌어지게 한다
누가 이렇게 밥을 많이 주었나

아님, 이슬만 먹고
이렇게까지 자랐나

풀과 전쟁을 치러야겠다

또 땀으로 목욕해야 하나

헛 꿈

날마다 돈 없다고 아우성이다

있을 때는 펑펑 쓰고
밖에만 나돌더니
주머니가 비었다고 징징댄다

가시내
부동산 투기해서 돈 벌겠다고
난리치더니
헛구역질만 해대며
발버둥친다

이게 뭐야

돈만 세던 네가
일확천금에 목을 메다가
손발이 고생하니
온 몸이 아프다고 난리다

욕심 좀 부리지 말고
공짜 좋아하지 말고
뿌린대로 거두어라

헛바람

집에 들어 올 때
옷자락 흔들지 말고
사푼사푼 걸어서 오거라

흰나비

봄바람 타고 날아 왔나

꽃도 없이
푸른 나뭇잎만 무성한데
뭘 보러 왔을까

한 바퀴 휭 돌다
고추 잎에 맴돌다
살포시 내려 앉는다

가까이 가면 날아 갈까봐
힐끗 쳐다만 봤다

혹시
엄마가 나비 되어
농사지어 놓은 것 보러
오셨나

어때, 농사 잘 짓고 있으니까
흐뭇하지

나비는 슬그머니 밭에 앉아

응시하듯
한참 있다가
훨훨 날아가 버렸다

엄마의 환생인가

눈물이 핑 돌아
호미만 붙잡고 흔들어 대며 마구 땅을 찍어 댄다

유은자 시집 『책을 마시고픈』 해설

감성의 그늘에 안긴 심미안의 샘

김현탁 (문학박사, 협성대 객원교수)

  시의 탄생은 시인의 체험적 바탕과 생리적 현상 속에서 본능적으로 판단된 언어 기술로 표현된 미감의 발산이다. 그 시어가 독자의 감성 영역에 침투하여 심금을 울려 햇살처럼 따사롭거나 고추처럼 맵기도 하다. 그러한 맛을 내기까지에는 막연하거나 관념적이지 않고 구체성을 띠고 있을 때, 시적 효용의 가치가 증대된다.

  유은자 시인은 고착적 자아의 관념에서 벗어나 범우주적 관찰의 시점에서 시의 포즈가 다양하다. 특정한 이념과 특정한 자연물이 아닌 삶의 응달진 곳에서 바라보았던 미물에서부터 생활의 범주에 이르기까지 각인된 접점을 간과하지 않고 시의 그물망에서 하나하나 건져낸 산물이다.

  그것이 객관적 상관물이든 주관적 상관물이든 가리지 않고 예리함 촉수로 현실의 아픔을, 또는 낭만적 서정을 도식화하는 시의 질서를 잘 구축하고 있다. 유은자 시인의 시는 형식상으로 긴 호흡이 드물지만 짧은 시어 속에서도 주지성이 있고 애상성도 있다.

시인의 그릇은 곧 시의 그릇이다. 시의 표면은 하나의 작은 그릇일지라도 내면은 의미를 담은 그릇이다. 이 의미작용(signification)이 거대한 폭포수가 되기도 하고 비바람 몰아치는 폭풍우가 되기도 하고 잔잔한 호수가 되도 하고 은은한 커피향이 되기도 한다.

이 시적 다양성을 유은자 시인은 세밀한 각도에서 불안정 요소가 배제된 시의 탑신을 만드는 저력이 보인다. 그야말로 텅 빈 탑이 아니라 전이된 공유화를 꾀하며 한 땀 한 땀 엮어내는 시작의 기초를 튼실하게 쌓고 있다.

유은자 시인의 상상의 주체가 무얼까, 시의 바다를 들여다보자.

뭘까 말까
아서라
다칠라

천천히 올라가라
넘어질라

쉬어가는 지팡이도 후들후들

거친 숨 허덕거리며 올라 간다

뱀 허리 길 따라 오르니
졸졸 흐르는 물소리
맑은 산소가 뿜어져 나오면
눈앞에 펼쳐지는 바다
비껴온 날의 바퀴들이
산 아래로 굴러간다

　　　　　　－가파른 길－ 전문

  누구나 인생을 살다보면 굴곡진 길을 걸어오기 마련이다. 그 중에 빨리 가고 싶은 길도 있고 쉬엄쉬엄 가고 싶은 길도 있을 것이다. 그것은 종속되고 싶지 않는 주체로서의 발화자이고 싶기 때문이다.
  내가 가야하는 길이 가파른 길일지라도 타인의 도움 없이 가고 싶은 자아의 주체성이다. 그렇지만 어떤 척도에 의해 가늠자를 두고 있다면 좋겠지만 자신의 의지로 가파른 길을 가야 할 때는 그만큼 두렵다. 이 시에서 유은자 시인은 힘겹게 가파른 길을 넘었지만 그것이 결국 아무것도 아니라는 허무함을, 성급함을, 꾸짖는다.

시간이 지날수록 가슴이 쓰리다

점점 눈은 흐려지고
귀도 멀어

오늘은 뭘로 흔들리게 할까

심장 뛰는 소리 들리는데
바람결에 발자국 소리

문 밖에서 서성이고 있나
화들짝 놀라 열어보니
가랑잎만 흩날리고 있다

-그려지는 사람- 전문

  인간의 욕망과 욕심은 끝이 없다. 흔히 말하는 오욕(五欲)이 있다.
  이 시에서 유은자는 먼 하늘에서 그려지는 나의 사람, 별을 헤며 달을 보며 그렸던 사람, 젖은 마음 속에 구름 속에 숨어있지만 그것이 헛것일까, 정적인 심상과 동적인 심상이 어우러지는데 막상 현실에 눈을 떠 보면 아무것도 없는 환청과 환시일 뿐이다. 마지막 행에서 /가랑잎만 흩날리고 있다/ 는 애절함이 치유되지 않는 서글픔으로 다가온다.

걷다보면
철새들 지저귀고
도토리 까먹는 다람쥐
놀라 도망가고

그 길 속에 우두커니 선다

나는 누굴 일까
뒤돌아 봐도
나는 없다

어디로 가야 찾을까
숲속을 헤메이다
내 모습은 어디에도 없다

아파트를 버리고
자동차를 버리고
전자기기를 버려도
도대체 나를 찾을 길 없다

-길속의 길- 전문

불교의 화두같다. 길속의 길이 있는 것일까, 노자 도덕경에서 길을 말하고 있지만 누구도 그 길을 올바르게 걷지 못하고 있다. 평범한 주변의 풍경들 속에서 문득 나를 발견한다.

  나는 누구인가, 돌아다보면 아무도 없다. 가장 쉬운 듯 하지만 가장 어려운 질문이다. 절대적이지 않는 우주의 섭리, 나 혼자 만일 수 없는 것, 생명의 존재는 무언가, 유치환은 '생명의 書'에서 바위가 되고 싶다고 했다. 오죽하면 아무런 감각이 없는 바위가 되고 싶었을까, 자아가 없는, 나라는 존재가 없는 바위, 유은자 시인은 가지고 있던 모두를 버려도 나를 찾을 길 없다. 성찰의 화두가 짙게 드리워진다.

  하늘은 검은 그림자로 가득 차
  아무리 두드려도 비 소리는 들리지 않는다

  땅바닥은 거북등으로 갈라지고
  호미자루로 연신 찍어대지만

  손 흔들던 곡식들은 고개만 떨구고
  태양은 거침없이 쏘아댄다

  행여 이슬비라도 슬쩍 내릴까
  입을 벌려 보지만

  하늘은 말이 없다

내 속살 같은 아기들 목 놓아 우는데

−마른 비− 전문

  목이 마르다. 물이 없으면 살지 못하는 생명들, 단순한 생명을 보존하는 물도 절대적으로 필요하지만 지금의 시대는 정치꾼들 경제적 경쟁으로 목이 마르다. 이 갈증을 채워줘야 하는데, 어느날, 마른 하늘에 잠깐 비가 뿌렸지만 갈증은 해소되지 않는다.

  좀생이처럼 살아야 하는 현실 속에서 겨우 내미는 정치가의 민생 정책, 그것도 잠시, 또 하늘은 메말라 가고 기댈 언덕이 없다. 자라나는 후세대들은 목 놓아 우는데, 미래를 걱정하는 시인의 간절함이 강한 풍자로 환기시킨다.

문자를 안고
책 향기를 풍기며
한 두 명씩 학풍을 안고 들어온다

고소한 참기름 냄새
쫄깃한 송편
향긋한 샌드위치 맛
문학의 늪에 빠져든다
작품을

한자 한자 백지에 옮기고

수 많은 문자들의 행진

물음표였던 것들
머릿속에 쏙 들어오는 시간이다

배움의 갈증 사라지고 문자는
나비처럼 하늘로 날아 오른다

-문단의 길- 전문

문학의 길에 들어서기 위해 문학수업을 하는 정경을 그렸다. 문학의 내면을, 문학의 언어를, 시인은 적절한 비유로 표현하고 있다. /고소한 참기름 냄새/ /쫄깃한 송편/ /향긋한 샌드위치 맛/ 나름대로 음식물의 맛으로 대변한다. 그 속에 기나긴 시간 몰랐던 작법을 익힌 감정을 시샘에서 분출한다.

아침부터 눈발이 계속 날리고 있다

언제 쉬어 갈까

발목도 꽁꽁 묶어 놓고
좀, 쉬어 가며

내리면 좋으련만

그 사람 만나러 가야 하는데
에라
차라리 눈사람 만들어 뽀뽀나 해야겠다

-미운 눈- 전문

  깜찍한 발상이다. 눈은 하염없이 내리고 그 사람 만나기가 어렵다. 어떻게 할까, 걱정만 하다가 발칙한 발상이 떠올랐다.
  동시적 요소가 있지만 눈 내리는 날의 낭만적 발상 뒤에 숨어 있는 시인의 감정을 재미있게 마무리하였다. 근래에 산문시도 유행이지만 짧은 시도 유행하고 있다. 시의 분량이 중요한건 아니지만 짧은 행으로 시적 완성도를 충족하기가 쉽지 않다. 시인의 재치가 돋보인다.

흐린 수채화
담벼락에 그려져 있다

돌담을 덮어 길게 늘어진
넝쿨 호박 큰 덩어리
매달려 있다
좁은 골목

사립문 틈
아기 손 흔드는 꽃
싱긋 방긋 웃으며
옷자락을 잡는다

햇살이 내리쬐어도
얼씬도 하지 않는 그림자
토방에 앉아
강아지 짖어대는 소리 들으며
멍 때린다

들녘은 황금물결
사람 냄새 맡고 출렁이지만
먼발치에서 보이는 굴뚝 연기만
하늘 위로 날아 오른다

-시골길 풍경- 전문

  현대가 날로 도시화 되어가면서 시골은 점차 추억의 뒤안길로 사라지는 세태이기도 하다. 신세대들은 감히 경험하지 못한 풍광들을 구세대들은 경험했지만 현실적으로 도회생활을 하다보면 시골의 풍경을 볼 수 있는 기회가 적어진다.
  유은자 시인은 이 시에서 시골길 풍경을 수채화를 그리듯 잘 묘사하고 있다. 세속과 세파에 시달림에

일상을 접고 고요의 바다처럼 밀려오는 정겨운 모습을 보면서 잠시 '멍'때려보는 낭만이, 포용이 부족한 이기주의 물결에 질타를 가하는 패러독스이다.

   네가 오면 달덩어리지만
   안 오면
   숯 덩어리
   그래, 우리 맞바꿔 볼까

                       -아들을 기다리며- 전문

아주 짧은 시다.
 자식을 기다리는 어머니의 심정을 순발력 있게 묘사 했다. 굳이, 긴 말을 하지 않더라도 시는 짧은 행간 속에서도 다 말 할 수 있다는 묘미를 여실히 보여준 역작이다.

   길가에 숨었던
   잡초 꽃이 활짝 피었다

   이름도 모를 꽃
   가여워 쓰다듬어 본다

   무슨 꽃일까

사람 눈도장 찍게

눈길도 사로 잡네

냄새를 맡아 보려
콧 끝을 들이대 봐도
흙냄새만 난다

봄의 향기는 풍겨도
아무도 찾지 않지만
외롭지 않다고 살랑살랑 웃음 피운다

-야생화- 전문

 아무도 돌아보지 않는 꽃 저 혼자 피었다가 저 혼자 지는 꽃, 꽃 뿐일까.
 시인은 이 시에서 들에서 핀 꽃을 그리지 않는 소외된 인간의 유사성을 말하고 있다. 인간사회에서 소외보다 무서운 것이 없다 소외는 우울증을 유발하고 심지어 극단적 선택을 하기도 하고 고독사를 낳기도 한다.
 시인은 이 시에서 아무도 보지 않는 야생화에서 흙냄새를 맡고, 아무도 찾지 않아도 웃음을 피울 수 있는 여유를 발견하여 고독하고 외로운 인간에게 치유의 메시지를 던져준다.

집에 들어 올 때
옷자락 흔들지 말고
사푼사푼 걸어서 오거라

-헛바람- 전문

 유은자 시인의 시 중에서 또 하나의 보물이 보인다. 깜찍하다고 해야 할까, 살다보면 진지하지 못하고 헛바람이 들었다는 말을 가끔 듣게 된다. 그것은 진지하지 못하다는 의미 일 수도 있고 쓸데없는 일에 관심을 가진다는 의미도 있다.
 유은자 시인은 단 세 줄의 시행에서 코믹한 표현으로 시의 분위기를 압도하고 있다. 그것은 평소 풍족한 표현력의 영양소가 저장되어 있기 때문이다.

 시의 묘사가 다양하지만 소설처럼 디테일하지 못한 것도 사실이다. 하지만 한 줄의 시가 가슴을 울리게 하는 긴 여운을 준다면 시의 효용성은 정신 치유의 한 영역을 차지하고 있음은 틀림없다.
 유은자 시인의 시는 대체적으로 짧은 시풍이다. 하지만 그 시풍 속에서 여타의 시인들 보다 절묘한 시어를 창작함으로서 존재의 드러냄(disclosure of being)이 도드라진다. 그의 시에는 비애의 일면도 있지만 재미의 일면도 있다. 고전적 시풍을 보면 감성적 언어가 주류를 이루고 사실의 나열을 비유성

없이 표현한 시가 많이 있다. 그러한 반면에 근래 젊은 시인들을 주축으로 산문시가 유행처럼 발표되기도 한다. 혹자의 사람들은 수필과 산문시의 경계점이 어디냐고 묻지만 선뜻 답변하기가 쉽지 않다.

  문인들의 작풍도 일반적 형태의 시가 배제되고 포스트모더니즘 적 경향의 작품이 만연함을 부인할 수 없다. 이러한 문단의 풍조에서 꿋꿋하게 짧은 시를 창작하는 유은자 시인은 탈 현대의 주역처럼 심플한 자신만의 언어를 함유한 심도 깊은 시어로 독자의 곁에 다가서고 있어, 이 첫 시집이 또다른 광풍의 눈이 될 것이다.

책을 마시고픈 유은자 시집

인쇄 | 2025년 3월 9일
발행 | 2025년 3월 14일

지은이 | 유은자
펴낸이 | 김영민
편집디자인 | 김영민
펴낸곳 | 문화짱
출판등록 제377-2015-000064호

주소 16489) 경기도 수원시 팔달구 인계로
      124번길 27-17, 화인빌딩 603호
전화 031-224-2075, 010-2606-2075
팩스 031-232-3074
메일 2075kht@hanmail.net

ISBN 979-11-90558-45-7

★ 이 책의 내용은 저작권법에 의해 무단 전재 및 복제를 금합니다.
★ 인지는 저자와 협의하여 생략합니다.
★ 잘못 만들어진 책은 교환해 드립니다.

정가 12,000원